FRENCH
DICTIONARY

Written by

Evelyn Goldsmith & Amanda Earl

Illustrated by Lyn Mitchell

Translated by Adriana Capadose

Produced by Times Four Publishing Ltd

HARRAP

Contents   Table des matières

Section 1   Thematic dictionary
1ère partie   Dictionnaire thématique

Section 2   Alphabetical dictionary
2ème partie   Dictionnaire alphabétique

This book was conceived, written, edited and designed by Times Four Publishing Ltd
Art and editorial direction: Tony Potter
Editors: Amanda Earl and Penny Horton

First published in this edition in Great Britain in 1990 by HARRAP BOOKS Ltd, Chelsea House, 26 Market Square, Bromley BR1 1NA

ISBN 0 245-60066-3 (French)

Typeset by JB Type, Hove, E.Sussex.
Colour separation by RCS Graphics Ltd
Printed in Scotland by Cambus Litho, East Kilbride

About this book

This illustrated dictionary is for all those starting to learn French. It is divided into two parts. In the first part, thirty amusing scenes present the French words in context. Small margin illustrations, clearly labelled in French, pick out objects and activities found in the main picture. Matching up the margin illustrations to the main picture makes the context quite clear and helps the learning process.

The second part of the book is a two-way alphabetical dictionary. The English-French section is followed by French-English, so that translations can be found starting from either language. All the entries are illustrated, so that the meanings are quite clear.

Many of the French words in this book have **le**, **la**, **l'** or **les** (meaning 'the') in front of them. It is important to learn the **le**, **la**, or **les** with each word. **Le** means that a word is masculine, **la** means that it is feminine. When **le** or **la** come before a word beginning with a vowel (a, e, i, o, u) or before many words beginning with h, then the **le** or **la** becomes **l'**. When the word is in the plural (that is, when there is more than one of them, such as houses, sweets), then the **le**, **la** or **l'** changes to **les**.

le nez

la lèvre
la bouche

le cil
l'oeil (m)
la langue

le cou
l'épaule (f)

Le corps

le coude
le bras

le doigt

l'ongle (m)
la main

le poignet

le pouce
la paume

la paupière

la plante

le genou

la taille
le nombril

le pied

la hanche

4

le sourcil

les dents (f)

le visage

le corps

les cheveux (m)

l'oreille (f)

la joue

la mâchoire

la cuisse

la jambe

le dos

la cheville

le menton

le mollet

l'orteil (m)

la barbe

5

la chemise

le col

la sandale

la poche

la pantoufle

le t-shirt

le sweatshirt

Les vêtements

l'anorak (m)

la manchette

le protège - oreilles

le capuchon

le lacet

la salopette

les bretelles (f)

la manche

la chaussure

le slip

le gant

le tricot de corps

la moufle

l'ourlet (m)

le collant

la robe-chasuble

le cordon

le ruban

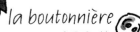
l'interrupteur (m)

la boutonnière

le bouton

le gilet

la fermeture éclair

le blue-jean

l'echarpe (f)

la chaussette

la culotte

le pull

la chaussure de toile

la robe

la jupe

la boucle

la ceinture

7

la fenêtre

l'échelle (f)

la batte de base-ball

le cartable

l'ordinateur (m)

le Thermos

Dans la chambre

l'oreiller (m)

la couette

la pantoufle

le justaucorps

la robe de chambre

le pyjama

le cerf-volant

le xylophone

le puzzle

le papier

le château

8

la coiffeuse

le miroir

le cintre

l'armoire (f)

l'étagère (f)

le tambour

le panier-repas

le dessin

la bibliothèque

le drap

la commode

les vêtements (m) de poupée

le train électrique

la trousse

le crayon de couleur

le crayon

l'album (m) à colorier

la maison de poupée

9

le savon

le porte-savon

la baignoire

la douche

le rideau
de douche

Dans la salle de bain

le bonnet
de douche

le paillasson

la poignée
de porte

le shampooing

le porte-
serviettes

le panier
à linge

l'éponge
(f)

le carreau

le pèse-personne

10

le siège des cabinets

le ventilateur

l'ouate (f)

l'armoire (f) de salle de bain

le papier hygiénique

le dentifrice

la brosse à dents

le gobelet

le robinet

le miroir

le gant de toilette

les cabinets (m)

la brosse à ongles

la serviette de bain

le tabouret

le lavabo

11

le tabouret

la tasse

le congélateur

le frigo

la machine à laver

la bonde

Dans la cuisine

l'assiette (f)

la cuisinière

la cuillère

la lumière

le café

le coffre à pain

la table

le bol

le carreau

l'évier (m)

le robinet

l'égouttoir (m)

la bouilloire

le grille-pain

le four

la pendule

la poêle

le pichet

la théière

le placard

la table
de travail

le tiroir

le store

la fenêtre

la porte

la boîte
à biscuits

13

la tringle à rideau

le rebord de fenêtre

la peinture

l'antenne (f)

le magazin

Dans la salle de séjour

le rideau

la photographie

le bougeoir

la guitare

la carpette

le magazine de bandes dessinées

14

le garde-feu

le dessus de cheminée

le fauteuil

le feu

le magnétoscope

la télévision

la radio

le radiateur

le téléphone

la table basse

le vase

le haut-parleur

le tourne-disque

le magnétophone

la chaîne

la télécommande

le fauteuil à bascule

le canapé

l'abat-jour (m)

le tapis

le journal

15

le barreau

l'os (m)   la litière

Les animaux familiers

le bec

la sciure

la perruche

la maison
de hamster

le hamster

les algues (f)

le treillis
métallique

le bol

le chiot

la narine

la roue

la gourde

le tube

16

la nourriture pour chien

le lapin

le cochon d'Inde

le clapier

la cage

la gerbille

le nichoir

la fourrure

le chaton

la tortue

le support

le perroquet

l'aile(f)

la griffe

la patte

17

la fromage

l'oeuf (m)

le beurre

la magarine

les spaghettis (m)

la viande hachée

l'huile

La nourriture

l'épice (f)

le sel

le poivre

les conserves (f) au vinaigre

la soupe

le ketchup

le raisin

la poire

le hamburger

les frites (f)

le sucre

la fourchette

le couteau

la confiture

le miel

les chips (m)

la tomate

le concombre

la betterave

le cresson

l'ail (m)

l'orange (f)

la banane

la pomme

le champignon

la pomme
de terre

le chou-fleur

la prune

l'oignon (m)

le petit pois

la céréale

le vinaigre

le sirop

le jus

le riz

le pain

19

le vaisseau
spatial

la ferme
miniature

le patin à
roulettes

le parachute

la marionnette
à gaine

Le jeu

le skateboard

la tenue de
cowboy

la corde
à sauter

le ballon de
football

l'arche (f) de Noé

le jeu de
société

le dé

le gobelet

le jeton

la bille

le yo-yo

l'arc (m)

la flèche

le tableau noir

la craie

le Légo

le cible

la pâte à modeler

la maison de poupée

la poupée

le pansement

le stéthoscope

la trousse de médecin

la tenue de médecin

la tenue d'infirmière

le fort

21

la porte de derrière

la jardinière

le tuyau

le tricycle

la marche

la chatière

la plate-bande
la bordure

la pelouse

la mangeoire

la miette

la cacahouète

la noix
de coco

les oiseaux (m)
de jardin

Dans le jardin

l'arbuste
(m)

le pissenlit

le mur

le balai

la fourche

22

la botte

la mauvaise herbe

la famille

le jardin de rocaille

la chute d'eau

le nénuphar

le jardin sauvage

la souche

la cabane

la pâquerette

la tondeuse

le râteau

le déplantoir

la pelle

le pot à fleurs

la terrace

23

le mille-pattes

 le hérisson

la chenille

 le triton

Les petites bêtes

 le rat

 la chauve-souris

le cerf-volant

la fourmi

 le cloporte

 la coquille

l'escargot (m)

la mouche

le cocon

l'abeille (f)

le perce-oreille

la limace

24

le moustique

la guêpe

le papillon

l'araignée (f)

la toile
d'araignée

le papillon
de nuit

la coccinelle

le ver

le scarabée

la souris

la grenouille

la puce

la sauterelle

le têtard

les oeufs (m) de grenouille

25

le fossile

la gerbille

A l'école

la feuille

la table
de science
naturelle

la carte

l'ordinateur (m)

le panier-repas

le manteau

le pot

la boîte
à jouets

la corbeille
à papier

Aa Bb Cc Dd Ee Ff Gg Hh Ii Jj Kk Ll Mm Nn Oo Pp Qq Rr Ss T

l'argile (f)

la peinture

le pinceau

le lecteur (m) / la lectrice (f.

26

la punaise

le panneau d'affichage

la gomme

les ciseaux (m)

l'instituteur (m) /
l'institutrice (f)

la brosse
à colle

la
colle

la règle

le support
visuel

la bibliothèque

Ww Xx Yy Zz   0 1 2 3 4 5 6 7 8 9

l'alphabet (m)

la
maquette
de carton

les
numéros
(m)

Aa Bb Cc Dd Ee
1 2 3 4 5 6 7 8

le cube

le tableau

27

le terrain de tennis

la balle de tennis

la batte de cricket

la balle de cricket

les piquets (m)

la pente

Au parc

le landau

la crécelle

le bébé

la poussette

le manège

la cage à poules

le toboggan

la cour de récréation

la bascule

le bac à sable

la laisse

le chien

l'oiseau (m)

la grille

le buisson

FERME

la pancarte

le chapeau

le banc

le gardien de parc

la poubelle

le café

le parapluie

la table

la chaise

l'île (f)

le bassin

le petit bateau

la chaîne

la barrière

le guidon

la selle

la pédale

le vélo

le pneu

le cadenas

29

le grand immeuble

le casque

le goudron

l'échafaudage (m)

le camion-benne

Le chantier

la pelleteuse

le semi-remorque

le rouleau
compresseur

le
compresseur

la voiture
de pompiers

le marteau
pneumatique

la chargeuse

le dumper

le casque
la combinaison

la brouette

le maçon

30

le charpentier

la bétonnière

l'ouvrier-maçon (m)

H123 ABC

la plaque d'immatriculation

la grue

la benne

le sable

le toit

la roue

la brique

le pare-brise

le volant

le graffiti

l'affiche (f)

le semi-remorque

le bulldozer

la bétonnière

l'ambulance (f)

le malade

le brancard

le passage à piétons

l'hôpital (m)

l'hôtel (m) de ville

le réverbère

A la ville

l'infirmier (m)/ l'infirmière (f)

la radiographie

la voiture

l'agent de police (m)

le camion

les feux (m)

le trottoir

le fauteuil roulant

le poste d'essence

la pompe à essence

la poubelle

la râtelier à bicyclettes

le conducteur d'autobus

l'autobus (m)

la maison

le poteau télégraphique

le garage

l'abri (m)

le laveur de vitres

l'arrêt (m) d'autobus

le parking

la banque

le distributeur de billets

le magasin

le contractuel (m)/ la contractuelle (f)

le magasin de jouets

le facteur

le taxi

le supermarché

33

la casserole

le shampooing

la lessive

le congélateur

le prix
30

la balance

Au supermarché

le sac à main

le pot

la bouteille

les provisions (f)

la queue

le porte-monnaie

l'entrée (f)

le reçu

la caisse

le mouchoir en papier

le sac à provisions

Supermarché

Entrée

34

les fruits (m)

les bâtonnets (m) de poisson

le panier

le rayon

le paquet

le médicament

la boîte

la sortie

la flèche

le parking

Légumes

Sortie

l'argent (m)

le papier d'emballage

le sac en papier

le sac en plastique

la carte

le chariot

35

le taureau

le champ

le pré

A la campagne

le village

la haie

la colline

la rivière

la pancarte

attention!

le magasin

la mare aux canards

l'herbe (f)

la petite maison

36

la culture

l'échalier (m)

le bois

la petite
route

le renard

le hibou

le canard

l'écureuil (m)

la belette

PARIS
DIEPPE

la
cheminée

la carte

la canne

PARIS   DIEPPE

le sac à dos

le poteau
indicateur

37

le foin

le fossé

le cheval

le poulain

le cochon   la porcherie

le porcelet

A la ferme

l'épouvantail (m)

la grange

l'auge (f)

le lapin

le chien de berger

le fermier

la vache

le veau

l'oie (f)

l'oison (m)

l'étable (f)

le taureau

le tracteur

la remorque

la poule

le poussin

le poulailler

l'écurie (f)

le mur

la barrière

le verger

l'échelle (f)

le caneton   le canard

la cour de ferme

le mouton
l'agneau (m)

le camion

la mare
aux canards

39

la montgolfière

le rotor

le canot automobile

Les voyages

l'hélicoptère (m)

le voilier

la cabine

la voile

le yacht

le canoë

le vélo

le pont

le tunnel

le panneau

la marche

le semi-remorque

le canal

la moto

la rame

l'avion (m)

le ferry

l'aéroport (m)

l'aéroglisseur (m)

le billet

le porteur

le train

la gare

la voiture à pédales

le chef de train

la voiture

l'autoroute (f)

le wagon

41

l'hôtel (m)

la falaise

le brise-vent

le transat

le brise-lames

A la plage

le lait solaire

les lunettes (f) de soleil

la serviette de plage

le seau

la pelle

le ballon de plage

le panier de pique-nique

le tuba

les algues (f)

la crevette

la coquille

la manchon flottant

les lunettes (f) de plongée

la glace

la jetée

le filet

le galet

la plage

le château de sable

la mer

les douves (f)

le drapeau

la vague

le phare

la planche à voile

la planche de surf

la mouette

le canot automobile

le gilet de sauvetage

le voilier

la palme

43

la fumée

la flamme

la lampe de poche

le store

la bûche

le camping-gaz

le feu de camp

le tronc

le barbecue

le matelas pneumatique

la corde à linge

la lessive

le sac de couchage

les jumelles (f)

la bouilloire

Le camping

la caravane

le terrain de camping

la tente

le bidon

le lit de camp

la couverture

le bacon

la poêle

l'appareil photo (m)

le magasin du camping

le ruisseau

la cuisinière

le rocher

l'appât (m)

la canne à pêche

la ligne de pêche

l'hameçon (m)

le chocolat

la remorque

l'allumette (f)

la corde de tente

le double-toit

le maillet

le mât de tente

le piquet de tente

le tapis de sol

la loutre

45

l'aire (f) de pique-nique

l'alligator (m)

le singe

l'hippopotame (m)

la boue

La réserve d'animaux sauvages

ouvert/ouverte

la chèvre

la rayure
le zèbre

le kangourou

attention!

la girafe

le pélican

le lézard

le wallaby

la corne

le rhinocéros

46

le lion
la lionne
le petit
le chameau
les bois (m)
le cerf
le guépard
le tigre
le lama
l'autruche (f)
le flamont rose
la trompe
la défense
l'éléphant (m)
le camion
le léopard

47

le radeau

Au parc d'attractions

le train fantôme

la fusée

l'auto tamponneuse (f)

la grande roue

la coiffure

l'Amerindien (m)/
l'Amerindienne (f)

le spectacle
Far West

la parade

la pataugeoire

le chemin de fer
miniature

le pop-corn

le stand de tir

la fontaine

48

le manège

le toboggan

le téléphérique

le labyrinthe

le kart

la piste de toboggan

le château gonflable

la barbe à papa

le spectacle de marionnettes

le snack-bar

le kiosque à glaces

les montagnes (f) russes

le monorail

49

le ballon

la paille

le nœud

la baguette magique

la grande cape

le magicien

le colis

le diplomate

le gâteau

la guirlande électrique

l'assiette (f) en papier

le hot-dog

le mouchoir en papier

Une fête

la table

la bougie

le friand

le gobelet en papier

la boisson

la gelée

la carte

le sifflet en papier

le chapeau
en papier

le serpentin

le ruban

la robe habillée

le diablotin

la banderole
de papier

la fleur
en papier

le mouchoir

le cadeau

le chapeau haut-
de-forme

51

la raie

le poisson-épée

le plongeur

le phoque

la tortue marine

Sous l'eau

le morse

le corail

le banc

l'hippocampe (m)

l'étoile (f) de mer

le mât

le canon

la crevette

le trésor

l'épave (f)

la palourde

52

le dauphin

le scaphandre autonome

la méduse

la baleine

la combinaison de plongée

le tentacule

la pieuvre

la ventouse

l'anémone (f) de mer

la grotte

la lampe de poche

l'huître (f)

l'anguille (f)

la nageoire

le requin

le homard

53

le chien   courir

le planeur

planer

Les mouvements

le serpent

onduler

déguerpir

l'araignée (f)

le garçon   la fille

marcher

le cheval

trotter

galoper

nager

le poisson

l'oiseau (m)

voler

sautiller

plonger

le canard

se dandiner

le chat

grimper

se balancer

l'enfant (m/f)

la libellule

l'oiseau (m) aquatique

sauter

voltiger

patauger

la grenouille

bondir

le crapaud

55

la dinde

pépier

chanter

l'oiseau (m)

glousser

le poulet

siffler

Les sons

glouglouter

braire

l'âne (m)

bêler

le mouton

pousser des
cris aigus

le porcelet

grogner

le cochon

bourdonner

l'abeille (f)

faire
coin-coin

le canard

siffler

le serpent

56

57

le sommet

la balançoire

petit/petite

grand/grande

étroit

large

grand/grande

court/courte

le bas

gros/grosse

maigre

en haut

en bas

le centre des animaux familiers

triste

Les formes, les couleurs, les contraires

heureux/heureuse

doux/douce

dur

vieux/vieille

58

rouge

vert/
verte

violet/
violette

gris/grise

orange

rose

jaune

bleu/
bleue

blanc/
blanche

noir/
noire

marron

l'arc-en-ciel (m)

la sphère

le rectangle

l'étoile (f)

le cercle

le carré

petit/grand

le triangle

le cube

nouveau/nouvelle

59

l'arbre vert (m)

la glace

le bonhomme
de neige

la luge

le flocon de neige

Les saisons

la boule de
neige

la neige

la branche

le nid

les fleurs (f)

l'agneau (m)

 l'averse (f)

 le crocus

 le bouton

la jonquille

la primevère

60

le pêcheur

le roseau

le bateau à rames

la rivière

la rive

le pique-nique

la lumière du soleil

la rose

la feuille

la pomme

l'écureuil (m)

le feu de jardin

la baie

la poire

la brume

le gland

le chêne

61

l'ogre (m)

la lune

le dragon

le lutin

le gnome

Le monde des histoires

les spectateurs (m)

l'épeé (f)

le panache

le casque

l'armure (f)

le chevalier

le bouclier

le roi

la reine

le trésor

le pirate

le sorcier

le chaudron

62

le monstre

le château

le clown

la marionnette

le géant

la fée

le fantôme

la maison hantée

le hibou

le bouffon

la licorne

la princesse

la sorcière

la manche à balai

le farfadet

le champignon vénéneux

le maquillage

le bois enchanté

le prince

63

Section 2 — Alphabetical Dictionary

English – French **65**   French – English **97**

2ème partie — Dictionnaire alphabétique

Anglais – Français **65**   Français – Anglais **97**

Aa

acorn
le gland

aerial
l'antenne (f)

aeroplane
l'avion (m)

airbed
le matelas pneumatique

airport
l'aéroport (m)

alligator
l'alligator (m)

alphabet
l'alphabet (m)

ambulance
l'ambulance (f)

Amerindian
l'Amerindien (m)/
l'Amerindienne (f)

amusement park
le parc d'attractions

angler
le pêcheur

ankle
la cheville

anorak
l'anorak (m)

ant
la fourmi

antlers
les bois (m)

ape
le singe

apple
la pomme

aqualung
le scaphandre autonome

arm
le bras

armband
le manchon flottant

armchair
le fauteuil

armour
l'armure (f)

arrow
la flèche

articulated lorry
le semi-remorque

audience
les spectateurs (m)

autumn
l'automne (m)

awning
le store

B

Bb

baby
le bébé

back
le dos

back door
la porte de derrière

bacon
le bacon

bait
l'appât (m)

balloon
le ballon

banana
la banane

bandage
le pansement

bank
la banque

---

bar
le barreau

barbecue
le barbecue

to bark
aboyer

barn
la grange

baseball bat
la batte de base-ball

basket
le panier

bat
la chauve-souris

bath
la baignoire

bath towel
la serviette de bain

bathroom
la salle de bain

beach
la plage

beach ball
le ballon de plage

---

beach towel
la serviette de plage

beak
le bec

beaker
le gobelet

beard
la barbe

bedding
la litière

bedroom
la chambre

bee
l'abeille (f)

beetle
le scarabée

beetroot
la betterave

belt
la ceinture

bench
le banc

berry
la baie

66

beware!
attention!

 bicycle
le vélo

big
grand/grande

big wheel
la grande roue

binoculars
les jumelles (f)

bird
l'oiseau (m)

 bird table
la mangeoire

biscuit tin
la boîte à biscuits

 black
noir/noire

blackboard
le tableau
noir

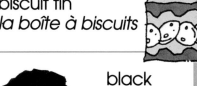 blanket
la couverture

---

to bleat bleat
bêler bêler

 blind
le store

 blossom
les fleurs (f)

blue
bleu/bleue

 board game
le jeu de société

body
le corps

 bone
l'os (m)

bonfire
le feu de jardin

bookcase
la bibliothèque

 boot
la botte

---

border
la bordure

bottle
la bouteille

bottom
le bas

boulder
le rocher

bouncy castle
le château
gonflable

bow
l'arc (m)

 bow
le nœud

bowl
le bol

 box
la boîte

boy
le garçon

braces
les bretelles (f)

branch
la branche

to bray
braire

bray
braire

bread
le pain

bread bin
le coffre à pain

brick
la brique

bricklayer
l'ouvrier-maçon
(m)

bridge
le pont

broom
le balai

broomstick
le manche à balai

brown
marron

bucket
le seau

buckle
la boucle

bud
le bouton

budgerigar
la perruche

builder
le maçon

building block
le cube

bull
le taureau

bulldozer
le bulldozer

bunk beds
les lits (m)
superposés

bus
l'autobus (m)

bus driver
le conducteur
d'autobus

bus stop
l'arrêt (m)
d'autobus

bush
le buisson

butter
le beurre

butterfly
le papillon

button
le bouton

buttonhole
la boutonnière

to buzz
bourdonner

buzz
bourdonner

Cc

cabin
la cabine

cabinet
l'armoire (f)
de salle de bain

cable car
le
téléphérique

café
le café

cage
la cage

cake
le gâteau

calf
le mollet

calf
le veau

camel
le chameau

camera
l'appareil photo (m)

camp bed
le lit de camp

camp fire
le feu de camp

camp shop
le magasin du camping

camp site
le terrain de camping

camping gas
le camping-gaz

canal
le canal

canal boat
la péniche

candle
la bougie

candlestick
le bougeoir

candy floss
la barbe à papa

cannon
le canon

canoe
le canoë

car
la voiture

car park
le parking

caravan
la caravane

card
la carte

cardboard model
la maquette de carton

cardigan
le gilet

carpenter
le charpentier

carpet
le tapis

carriage
le wagon

cashpoint
le distributeur de billets

castle
le château

cat
le chat

cat flap
la chatière

caterpillar
la chenille

C

cauldron
le chaudron

cauliflower
le chou-fleur

cave
la grotte

cement mixer
la bétonnière

centipede
le mille-pattes

cereal
la céréale

chain
la chaîne

chair
la chaise

chalk
la craie

chart
le tableau

checkout
la caisse

cheek
la joue

cheese
le fromage

cheetah
le guépard

chest
la poitrine

chest of drawers
la commode

chick
le poussin

chicken
le poulet

child
l'enfant (m/f)

chimney
la cheminée

chin
le menton

chips
les frites (f)

to chirp
pépier

chocolate
le chocolat

circle
le cercle

clam
la palourde

claw
la griffe

clay
l'argile (f)

cliff
la falaise

to climb
grimper

climbing frame
la cage à poules

cloak
la grande cape

clock
la pendule

closed
fermé/fermée

clothes
les vêtements (m)

clown
le clown

to cluck
glousser

coat
le manteau

coconut
la noix de coco

cocoon
le cocon

coffee
le café

coffee table
la table basse

collar
le col

colour
la couleur

colouring book
l'album (m) à colorier

comic
le magazine de bandes dessinées

compact disc player
la chaîne

compressor
le compresseur

computer
l'ordinateur (m)

concrete mixer
la bétonnière

cooker
la cuisinière

coral
le corail

cord
le cordon

cottage
la petite maison

cotton wool
l'ouate (f)

counter
le jeton

country
la campagne

cow
la vache

cowboy
le cowboy

cowboy outfit
le tenue de cowboy

cowshed
l'étable (f)

cracker
le diablotin

crane
la grue

crayon
le crayon de couleur

cress
le cresson

cricket ball
la balle de cricket

cricket bat
la batte de cricket

crisps
les chips (m)

crocus
le crocus

crop
la culture

crossing
le passage à piétons

crown
la couronne

crumb
la miette

to cry
pleurer

cry
pleurer

cub
le petit

cube
le cube

cucumber
le concombre

cuff
la manchette

cup
la tasse

cupboard
le placard

curtain
le rideau

curtain pole
la tringle à rideau

cycle rack
le râtelier à bicyclettes

Dd

daffodil
la jonquille

daisy
la pâquerette

dandelion
le pissenlit

deckchair
le transat

deer
le cerf

dice
le dé

digger
la pelleteuse

ditch
le fossé

to dive
plonger

diver
le plongeur

doctor's bag
la trousse de médicin

doctor's outfit
la tenue de médecin

dodgem
l'auto (f) tamponneuse

dog
le chien

dog food
la nourriture pour chien

doll
la poupée

doll's clothes
les vêtements (m)
de poupée

doll's house
la maison de
poupée

dolphin
le dauphin

donkey
l'âne (m)

door
la porte

door knob
la poignée de
porte

down
en bas

dragon
le dragon

dragonfly
la libellule

draining board
l' égouttoir (m)

drawer
le tiroir

drawing
le dessin

drawing pin
la punaise

dress
la robe

dressing gown
la robe de
chambre

dressing table
la coiffeuse

drink
la boisson

driver
le conducteur

drum
le tambour

duck
le canard

duckling
le caneton

duckpond
la mare aux
canards

dumper truck
le dumper

dungarees
la salopette

Ee

ear
l'oreille (f)

ear muffs
le protège-oreilles

earwig
le perce-oreille

eel
l'anguille (f)

egg
l'œuf (m)

elbow
le coude

elephant
l'éléphant (m)

elf
le farfadet

enchanted wood
le bois enchanté

entrance
l'entrée (f)

evergreen tree
l'arbre vert (m)

exit
la sortie

eye
l'œil (m)

eyebrow
le sourcil

eyelash
le cil

eyelid
la paupière

Ff

face
le visage

face mask
le masque de plongée

fairy
la fée

fairy lights
la guirlande électrique

family
la famille

fan
le ventilateur

farm
la ferme

farmer
le fermier

farmyard
la cour de ferme

fat
gros/grosse

ferry
le ferry

field
le champ

fin
la nageoire

finger
le doigt

fingernail
l'ongle (m)

fire
le feu

fire engine
la voiture de pompiers

fireguard
le garde-feu

F

fireplace
la cheminée

 fish
le poisson

fish fingers
*les bâtonnets
de poisson (m)*

fishing line
*la ligne
de pêche*

fishing rod
*la canne
à pêche*

 flag
le drapeau

flame
la flamme

 flamingo
le flamant rose

flannel
*le gant de
toilette*

 flashcard
le support visuel

flask
le Thermos

 flea
la puce

flipper
la palme

 floor tile
le carreau

flower bed
la plate-bande

 flowerpot
le pot à fleurs

flowerpot
le pot de fleurs

 fly
la mouche

flysheet
le double toit

 foal
le poulain

food
la nourriture

 food bowl
le bol

foot
le pied

 football
*le ballon de
football*

fork
la fourchette

 fort
le fort

fossil
le fossile

 fountain
la fontaine

fox
le renard

freezer
le congélateur

 frog
la grenouille

frog spawn
*les œufs (m) de
grenouille*

fruit
les fruits (m)

frying pan
la poêle

fur
la fourrure

75

G

Gg

to gallop
galoper

garage
le garage

garden
le jardin

garden birds
*les oiseaux (m)
de jardin*

garlic
l'ail (m)

gate
la barrière

gerbil
la gerbille

ghost
le fantôme

ghost train
le train fantôme

giant
le géant

---

giraffe
la girafe

girl
la fille

to glide
planer

glider
le planeur

glove
le gant

glove puppet
*la marionnette à
gaine*

gnome
le gnome

go-kart
le kart

goat
la chèvre

---

to gobble
glouglouter

*gobble
glouglouter*

goblin
le lutin

goggles
*les lunettes
(f) de plongée*

goose
l'oie (f)

gosling
l'oison (m)

graffiti
le graffiti

grape
le raisin

grass
l'herbe (f)

grasshopper
la sauterelle

green
vert/verte

grey
gris/grise

groceries
les provisions
(f)

groundsheet
le tapis de sol

groyne
le brise-lames

grunt
grogner

to grunt
grogner

guard
le chef de train

guinea pig
le cochon d'Inde

guitar
la guitare

guy rope
la corde de tente

Hh

hair
les cheveux
(m)

hamburger
le hamburger

hamster
le hamster

hamster house
la maison de
hamster

hand
la main

handbag
le sac à main

handkerchief
le mouchoir

handlebars
le guidon

hanger
le cintre

happy
heureux/
heureuse

hard
dur

hat
le chapeau

haunted house
la maison hantée

hay
le foin

head
la tête

headdress
la coiffure

hedge
la haie

hedgehog
le hérisson

heel
le talon

helicopter
l'hélicoptère
(m)

helmet
le casque

helter-skelter
le toboggan

hem
l'ourlet (m)

hen
la poule

hen house
le poulailler

hill
la colline

H

hip
la hanche

hippopotamus
l'hippopotame (m)

to hiss
siffler

honey
le miel

hood
le capuchon

hook
l'hameçon (m)

to hop
sautiller

horn
la corne

horse
le cheval

hose
le tuyau d'arrosage

hospital
l'hôpital (m)

hot-air balloon
la montgolfière

hot dog
le hot-dog

hotel
l'hôtel (m)

house
la maison

to hover
voltiger

hovercraft
l'aéroglisseur (m)

to hum
fredonner

hutch
le clapier

Ii

ice
la glace

ice-cream
la glace

ice-cream stall
le kiosque à glaces

island
l'île (f)

Jj

jam
la confiture

jar
le pot

jaw
la mâchoire

jeans
le blue-jean

jelly
la gelée

jellyfish
la méduse

78

jester
le bouffon

jigsaw puzzle
le puzzle

jug
le pichet

juice
le jus

to jump
sauter

jumper
le pull

Kk

kangaroo
le kangourou

ketchup
le ketchup

kettle
la bouilloire

king
le roi

kitchen
la cuisine

kite
le cerf-volant

kitten
le chaton

knee
le genou

knickers
la culotte

knife
le couteau

knight
le chevalier

Ll

lace
le lacet

ladder
l'échelle (f)

ladybird
la coccinelle

lake
le lac

lamb
l'agneau (m)

lamp
la lampe

lamp-post
le réverbère

lampshade
l'abat-jour (m)

lane
la petite route

lasso
le lasso

laugh rire

to laugh
rire

laundry basket
le panier à linge

lawn
la pelouse

lawnmower
la tondeuse

79

lead
la laisse

leaf
la feuille

to leap
bondir

leg
la jambe

Lego
le Légo

leopard
le léopard

leotard
le justaucorps

library
la bibliothèque

lifejacket
le gilet de sauvetage

light
la lumière

light switch
l'interrupteur (m)

lighthouse
le phare

lion
le lion

lioness
la lionne

lip
la lèvre

litter bin
la poubelle

little
petit/petite

living room
la salle de séjour

lizard
le lézard

llama
le lama

loader
la chargeuse

lobster
le homard

log
la bûche

long
long/longue

loudspeaker
le haut-parleur

low loader
le semi-remorque

lunch box
le panier-repas

Mm

magazine
le magazine

magic wand
la baguette magique

magician
le magicien

make-up
le maquillage

mallet
le maillet

mantlepiece
le dessus de cheminée

map
la carte

marble
la bille

margarine
la margarine

mast
le mât

mat
le paillasson

match
l'allumette (f)

maze
le labyrinthe

meadow
le pré

medicine
le médicament

merry-go-round
le manège

mew
miauler

to mew
miauler

mince
la viande hachée

miniature railway
le chemin de fer miniature

minibeast
la petite bête

mirror
le miroir

mist
la brume

mitten
la moufle

moat
les douves (f)

money
l'argent (m)

monkey
le singe

monorail
le monorail

monster
le monstre

moo
meugler

to moo
meugler

M

moon
la lune

mosquito
le moustique

moth
le papillon de nuit

motor boat
le canot automobile

motorbike
la moto

motorway
l'autoroute (f)

mouse
la souris

moustache
la moustache

mouth
la bouche

movement
le mouvement

mud
la boue

mushroom
le champignon

Nn

nailbrush
la brosse à ongles

narrow
étroit

nature table
la table de science naturelle

navel
le nombril

neck
le cou

to neigh
hennir

nest
le nid

nestingbox
le nichoir

net
le filet

new
nouveau/ nouvelle

newspaper
le journal

newt
le triton

Noah's ark
l'arche de Noé (f)

nose
le nez

nostril
la narine

notice
la pancarte

numberplate
la plaque d'immatriculation

numbers
les numéros (m)

nurse
l'infirmier (m)/ l'infirmière (f)

nurse's outfit
la tenue d'infirmière

Oo

oak tree
le chêne

oar
la rame

octopus
la pieuvre

ogre
l'ogre (m)

oil
l'huile (f)

old
vieux/vieille

onion
l'oignon (m)

open
ouvert/ouverte

opposites
les contraires (m)

orange
orange

orange
l'orange (f)

orchard
le verger

ostrich
l'autruche (f)

otter
la loutre

oven
le four

overalls
la combinaison

owl
le hibou

oyster
l'huître (f)

Pp

packet
le paquet

paddling pool
la pataugeoire

padlock
le cadenas

paint
la peinture

paintbrush
le pinceau

painting
la peinture

palm
la paume

pants
le slip

paper
le papier

paper bag
le sac en papier

paper chain
la banderole de papier

paper cup
le gobelet en papier

paper flower
la fleur en papier

paper hat
le chapeau en papier

P

paper napkin
la serviette en papier

paper plate
l'assiette (f) en papier

parachute
le parachute

parade
la parade

parcel
le colis

park
le parc

park keeper
le gardien de parc

parrot
le perroquet

party
la fête

party dress
la robe habillée

party squeaker
le sifflet en papier

paste
la colle

paste brush
la brosse à colle

patient
le malade

pavement
le trottoir

paw
la patte

pea
le petit pois

peanut
la cacahouète

pear
la poire

pebble
le galet

pedal
la pédale

pedal car
la voiture à pédales

peg
la patère

pelican
le pélican

pencil
le crayon

pencil case
la trousse

people
les gens (m)

pepper
le poivre

pet
l'animal (m) familier

petrol pump
la pompe à essence

petrol station
le poste d'essence

pets' corner
le centre des animaux familiers

photograph
la photographie

pickles
les conserves (f)
au vinaigre

picnic
le pique-nique

picnic area
l'aire (f) de pique-
nique

picnic basket
le panier de
pique-nique

pier
la jetée

pig
le cochon

pigeon
le pigeon

piglet
le porcelet

pigsty
la porcherie

pillow
l'oreiller (m)

pinafore dress
la robe-chasuble

pinboard
le panneau
d'affichage

pink
rose

pirate
le pirate

plant
la plante

plastic bag
le sac en
plastique

Plasticine
la pâte à modeler

plate
l'assiette (f)

platform
le quai

to play
jouer

playground
la cour de
récréation

plimsoll
la chaussure de
toile

plug
la bonde

plum
la prune

plume
le panache

pneumatic drill
le marteau-
pneumatique

pocket
la poche

police officer
l'agent de police
(m)

pond
le bassin

pony
le poney

popcorn
le pop-corn

porter
le porteur

poster
l'affiche (f)

postman/
postwoman
le facteur

pot
le pot

potato
la pomme de terre

pram
le landau

present
le cadeau

price
le prix

primrose
la primevère

prince
le prince

princess
la princesse

puppet
la marionnette

puppet show
le spectacle de marionnettes

puppy
le chiot

purple
violet/violette

purse
le porte-monnaie

pushchair
la poussette

pyjamas
le pyjama

Qq

to quack
faire coin-coin

quack
faire
coin-coin

queen
la reine

queue
la queue

quilt
la couette

Rr

rabbit
le lapin

radiator
le radiateur

radio
la radio

raft
le radeau

railing
la grille

railway
le chemin de fer

rain shower
l'averse (f)

rainbow
l'arc-en-ciel (m)

rake
le râteau

rat
le rat

rattle
la crécelle

ray
la raie

reader
le lecteur (m)/ la lectrice(f)

receipt
le reçu

record player
le tourne-disque

rectangle
le rectangle

red
rouge

reed
le roseau

remote control
la télécommande

rhinoceros
le rhinocéros

ribbon
le ruban

rice
le riz

rifle range
le stand de tir

river
la rivière

riverbank
la rive

rock garden
le jardin de rocaille

rocket
la fusée

rocking chair
le fauteuil à bascule

roller coaster
les montagnes (f) russes

roller skate
le patin à roulettes

roof
le toit

rose
la rose

rotor
le rotor

roundabout
le manège

rowing boat
le bateau à rames

rubber
la gomme

rucksack
le sac à dos

rug
la carpette

ruler
la règle

to run
courir

Ss

sad
triste

saddle
la selle

safari park
la réserve d'animaux sauvages

safety hat
le casque

sail
la voile

sailing boat
le voilier

salt
le sel

sand
le sable

sandal
la sandale

sandcastle
le château de sable

sandpit
le bac à sable

satchel
le cartable

saucepan
la casserole

sausage roll
le friand

sawdust
la sciure

scaffolding
l'échafaudage (m)

scales
le pèse-personne

scarecrow
l'épouvantail (m)

scarf
l'écharpe (f)

school
l'école (f)

scissors
les ciseaux (m)

to scuttle
déguerpir

sea
la mer

sea anemone
l'anémone (f) de mer

seahorse
l'hippocampe (m)

seagull
la mouette

seal
le phoque

season
la saison

seaweed
les algues (f)

seesaw
la bascule

settee
le canapé

shampoo
le shampooing

shape
la forme

shark
le requin

shed
la cabane

sheep
le mouton

sheepdog
le chien de berger

sheet
le drap

shelf
le rayon

shell
la coquille

shelter
l'abri (m)

shield
le bouclier

shirt
la chemise

shoal
le banc

shoe
la chaussure

shop
le magasin

shopping bag
*le sac
à provisions*

short
court/courte

short
petit/petite

shoulder
l'épaule (f)

to shout
crier

shower
la douche

shower cap
*le bonnet de
douche*

shower curtain
*le rideau de
douche*

shrimp
la crevette

shrub
l'arbuste (m)

sign
le panneau

signpost
*le poteau
indicateur*

to sing
chanter

sink
l'évier (m)

skateboard
le skateboard

skip
la benne

skipping rope
la corde à sauter

skirt
la jupe

sledge
la luge

sleeping bag
*le sac de
couchage*

sleeve
la manche

slide
le toboggan

slipper
la pantoufle

to slither
onduler

slope
la pente

slug
la limace

smoke
la fumée

snack bar
le snack-bar

89

S

snail
l'escargot (m)

snake
le serpent

to sneeze
éternuer

snorkel
le tuba

snow
la neige

snowball
la boule de neige

snowflake
le flocon de neige

snowman
le bonhomme de neige

soap
le savon

soap dish
le porte-savon

soap powder
la lessive

sock
la chaussette

soft
doux/douce

sole
la plante

sound
le son

soup
la soupe

spacecraft
le vaisseau spatial

spade
la pelle

spaghetti
les spaghettis (m)

sphere
la sphère

spice
l'épice (f)

spider
l'araignée (f)

spider's web
la toile d'araignée

sponge
l'éponge (f)

spoon
la cuillère

spring
le printemps

square
le carré

squash
le sirop

to squeak
vagir

to squeal
pouser des cris aigus

90

squirrel
l'écureuil (m)

stable
l'écurie (f)

stag beetle
le cerf-volant

stand
le support

star
l'étoile (f)

starfish
l'étoile (f) de mer

station
la gare

steam roller
le rouleau compresseur

steering wheel
le volant

step
la marche

stethoscope
le stéthoscope

stile
l'échalier (m)

stool
le tabouret

story
l'histoire (f)

stove
la cuisinière

straw
la paille

stream
le ruisseau

streamer
le serpentin

stretcher
le brancard

stripe
la rayure

stumps
les piquets (m)

sucker
la ventouse

sugar
le sucre

summer
l'été (m)

suntan lotion
le lait solaire

sunglasses
les lunettes (f) du soleil

sunshine
la lumière du soleil

supermarket
le supermarché

surfboard
la planche de surf

sweatshirt
le sweatshirt

to swim
nager

to swing
se balancer

swing
la balançoire

sword
l'épée (f)

swordfish
le poisson-épée

91

T

Tt

table
la table

tablecloth
la nappe

tadpole
le têtard

tail
la queue

tall
grand/grande

tap
le robinet

tape recorder
le magnétophone

target
le cible

tarmac
le goudron

taxi
le taxi

teacher
*l'instituteur (m)/
l'institutrice (f)*

teapot
la théière

teeth
les dents (f)

telegraph pole
*le poteau
télégraphique*

telephone
le téléphone

television
la télévision

tennis ball
*la balle
de tennis*

tennis court
le terrain de tennis

tent
la tente

tent peg
le piquet de tente

tent pole
le mât de tente

tentacle
le tentacule

terrace
la terrasse

thigh
la cuisse

thin
maigre

thumb
le pouce

ticket
le billet

tiger
le tigre

tights
le collant

tile
le carreau

tin
la boîte

tipper truck
le camion-benne

tissue
le mouchoir en papier

toad
le crapaud

toadstool
le champignon vénéneux

toaster
le grille-pain

toboggan run
la piste de toboggan

toe
l'orteil (m)

toilet
les cabinets (m)

toilet paper
le papier hygiénique

toilet seat
le siège des cabinets

tomato
la tomate

tongue
la langue

toothbrush
la brosse à dents

toothpaste
le dentifrice

top
le sommet

top hat
le chapeau haut-de-forme

torch
la lampe de poche

tortoise
la tortue

towel rail
le porte-serviettes

tower block
le grand immeuble

town
la ville

town hall
l'hôtel (m) de ville

toy boat
le petit bateau

toy box
la boîte à jouets

toy farm
la ferme miniature

toy shop
le magasin de jouets

tractor
le tracteur

traffic lights
les feux (m)

traffic warden
le contractuel (m)/ la contractuelle (f)

trailer
la remorque

train
le train

train set
le train électrique

trainer
le tennis

travelling
le voyage

T

treasure
le trésor

tree stump
la souche

tree trunk
le tronc

triangle
le triangle

tricycle
le tricycle

trifle
le diplomate

trolley
le chariot

to trot
trotter

trough
l'auge (f)

trowel
le déplantoir

truck
le camion

trunk
la trompe

t-shirt
le t-shirt

tube
le tube

tunnel
le tunnel

turkey
la dinde

turtle
la tortue marine

tusk
la défense

tyre
le pneu

Uu

umbrella
le parapluie

unicorn
la licorne

up
en haut

Vv

van
le camion

vase
le vase

vegetable
le légume

vest
le tricot de corps

video
le magnétoscope

village
le village

village store
l'épicerie (f) de village

vinegar
le vinaigre

Ww

"to waddle
se dandiner

94

to wade
patauger

waist
la taille

to walk
marcher

walking stick
la canne

wall
le mur

wallaby
le wallaby

walrus
le morse

wardrobe
l'armoire (f)

washbasin
le lavabo

washing
la lessive

washing line
la corde à linge

washing machine
la machine à laver

wasp
la guêpe

wastepaper bin
la corbeille à papier

watch
la montre

water bird
l'oiseau (m) aquatique

water bottle
la gourde

water carrier
le bidon

waterfall
la chute d'eau

waterlily
le nénuphar

wave
la vague

weasel
la belette

weed
la mauvaise herbe

wet suit
la combinaison de plongée

whale
la baleine

wheel
la roue

wheelbarrow
la brouette

wheelchair
le fauteuil roulant

to whistle
siffler

whistle
siffler

white
blanc/blanche

W

wide
large

wild garden
*le jardin
sauvage*

wild west show
*le spectacle Far
West*

windbreak
le brise-vent

window
la fenêtre

window box
la jardinière

window cleaner
le laveur de vitres

windowsill
*le rebord de
fenêtre*

windscreen
le pare-brise

windsurfer
la planche à voile

wing
l'aile (f)

winter
l'hiver (m)

wire netting
le treillis métallique

witch
la sorcière

wizard
le sorcier

wood
le bois

woodlouse
le cloporte

worktop
la table de travail

world
le monde

worm
le ver

wrapping paper
*le papier
d'emballage*

wreck
l'épave (f)

wrist
le poignet

Xx

x-ray
la radiographie

xylophone
le xylophone

Yy

yacht
le yacht

yellow
jaune

yo-yo
le yo-yo

Zz

zebra
le zèbre

zip
*la fermeture
éclair*

2ème partie — Dictionnaire alphabétique

Anglais – Français **65**   Français – Anglais **97**

Section 2 — Alphabetical Dictionary

English – French   **65**   French – English   **97**

Aa

l'abat-jour (m)
lampshade

l'abeille (f)
bee

aboyer
to bark

l'abri (m)
shelter

...éroglisseur (m)
...vercraft

l'aéroport (m)
airport

l'affiche (f)
poster

l'agent de police (m)
police officer

l'agneau (m)
lamb

l'ail (m)
garlic

l'aile (f)
wing

l'aire (f) de pique-nique
picnic area

l'album (m) à colorier
colouring book

les algues (f)
seaweed

l'alligator (m)
alligator

l'allumette (f)
match

l'alphabet (m)
alphabet

l'ambulance (f)
ambulance

l'Amerindien (m)/
l'Amerindienne (f)
Amerindian

l'âne (m)
donkey

l'anémone (f) de mer
sea anemone

l'anguille (f)
eel

l'animal (m) familier
pet

l'anorak (m)
anorak

l'antenne (f)
aerial

l'appareil photo (m)
camera

l'appât (m)
bait

l'araignée (f)
spider

l'arbre vert (m)
evergreen tree

l'arbuste (m)
shrub

l'arc (m)
bow

l'arc-en-ciel (m)
rainbow

l'arche (f)
de Noé
Noah's ark

l'argent (m)
money

l'argile (f)
clay

l'armoire (f)
wardrobe

l'armoire (f)
de salle de bain
cabinet

l'armure (f)
armour

l'arrêt (m)
d'autobus
bus stop

l'assiette (f)
plate

l'assiette (f) en
papier
paper plate

attention!
beware!

l'auge (f)
trough

l'autobus (m)
bus

l'automne (m)
autumn

l'autoroute (f)
motorway

l'auto (f)
tamponneuse
dodgem

l'autruche (f)
ostrich

l'averse (f)
rain shower

l'avion (m)
aeroplane

Bb

le bac à sable
sandpit

le bacon
bacon

la baguette
magique
magic wand

la baie
berry

la baignoire
bath

le balai
broom

se balancer
to swing

la balançoire
swing

la baleine
whale

la balle de cricket
cricket ball

la balle de tennis
tennis ball

le ballon
balloon

le ballon de
football
football

le ballon de
plage
beach ball

la banane
banana

le banc
bench

le banc
shoal

la bandèrole de
papier
paper chain

la banque
bank

la barbe
beard

la barbe à papa
candy floss

le barbecue
barbecue

le barreau
bar

la barrière
gate

le bas
bottom

la bascule
seesaw

le bassin
pond

le bateau à
rames
rowing boat

les bâtonnets (m)
de poisson
fish fingers

la batte de base-
ball
baseball bat

la batte de
cricket
cricket bat

le bébé
baby

le bec
beak

bêler
to bleat

la belette
weasel

la benne
skip

la bétonnière
cement mixer

B

la bétonnière
concrete mixer

la betterave
beetroot

le beurre
butter

la bibliothèque
bookcase

la bibliothèque
library

le bidon
water carrier

la bille
marble

le billet
ticket

blanc/blanche
white

bleu/bleue
blue

le blue-jean
jeans

le bois
wood

les bois (m)
antlers

le bois enchanté
enchanted wood

la boisson
drink

la boîte
box

la boîte
tin

la boîte à biscuits
biscuit tin

la boîte à jouets
toy box

le bol
bowl

le bol
food bowl

la bonde
plug

bondir
to leap

le bonhomme de neige
snowman

le bonnet de douche
shower cap

la bordure
border

la botte
boot

la bouche
mouth

la boucle
buckle

le bouclier
shield

la boue
mud

le bouffon
jester

le bougeoir
candlestick

la bougie
candle

la bouilloire
kettle

la boule de neige
snowball

bourdonner
to buzz

la bouteille
bottle

le bouton
bud

le bouton
button

la boutonnière
buttonhole

braire
to bray

le brancard
stretcher

la branche
branch

le bras
arm

les bretelles (f)
braces

le brise-lames
groyne

la brique
brick

le brise-vent
windbreak

la brosse à colle
paste brush

la brosse à dents
toothbrush

la brosse à ongles
nailbrush

la brouette
wheelbarrow

la brume
mist

la bûche
log

le buisson
bush

le bulldozer
bulldozer

Cc

la cabane
shed

la cabine
cabin

les cabinets (m)
toilet

la cacahouète
peanut

le cadeau
present

le cadenas
padlock

le café
café

le café
coffee

la cage
cage

la cage à poules
climbing frame

la caisse
checkout

le camion
truck

le camion
van

le camion-benne
tipper truck

la campagne
country

le camping-gaz
camping gas

le canal
canal

le canapé
settee

le canard
duck

le caneton
duckling

la canne
walking stick

la canne à
pêche
fishing rod

le canoë
canoe

le canon
cannon

le canot
automobile
motorboat

le capuchon
hood

la caravane
caravan

la carpette
rug

le carré
square

le carreau
floor tile

le carreau
tile

le cartable
satchel

la carte
card

la carte
map

le casque
helmet

le casque
safety hat

la casserole
saucepan

la ceinture
belt

le centre des
animaux familiers
pets' corner

le cercle
circle

la céréale
cereal

le cerf
deer

le cerf-volant
kite

le cerf-volant
stag beetle

la chaîne
chain

la chaîne
compact disc player

la chaise
chair

la chambre
bedroom

le chameau
camel

le champ
field

le champignon
mushroom

le champignon vénéneux
toadstool

chanter
to sing

le chapeau
hat

le chapeau en papier
paper hat

le chapeau haut-de-forme
top hat

la chargeuse
loader

le chariot
trolley

le charpentier
carpenter

le chat
cat

le château
castle

le château de sable
sandcastle

le château gonflable
bouncy castle

la chatière
cat flap

le chaton
kitten

le chaudron
cauldron

la chaussette
sock

la chaussure
shoe

la chaussure de toile
plimsoll

la chauve-souris
bat

le chef de train
guard

le chemin de fer
railway

le chemin de fer miniature
miniature railway

la cheminée
chimney

la cheminée
fireplace

la chemise
shirt

le chêne
oak tree

la chenille
caterpillar

le cheval
horse

le chevalier
knight

les cheveux (m)
hair

la cheville
ankle

la chèvre
goat

le chien
dog

le chien de berger
sheepdog

le chiot
puppy

les chips (m)
crisps

le chocolat
chocolate

le chou-fleur
cauliflower

la chute d'eau
waterfall

le cible
target

le cil
eyelash

le cintre
hanger

les ciseaux (m)
scissors

le clapier
hutch

le cloporte
woodlouse

le clown
clown

la coccinelle
ladybird

le cochon
pig

le cochon d'Inde
guinea pig

le cocon
cocoon

le coffre à pain
bread bin

la coiffeuse
dressing table

la coiffure
headdress

le col
collar

le colis
parcel

le collant
tights

la colle
paste

la colline
hill

la combinaison
overalls

la combinaison
de plongeé
wet suit

la commode
chest of drawers

le compresseur
compressor

le concombre
cucumber

le conducteur
driver

le conducteur
d'autobus
bus driver

la confiture
jam

le congélateur
freezer

les conserves (f)
au vinaigre
pickles

le contractuel (m)/
la contractuelle (f)
traffic warden

les contraires
(m)
opposites

la coquille
shell

le corail
coral

la corbeille à
papier
wastepaper bin

la corde à linge
washing line

la corde à sauter
skipping rope

la corde de tente
guy rope

le cordon
cord

la corne
horn

le corps
body

le cou
neck

le coude
elbow

la couette
quilt

la couleur
colour

la cour de ferme
farmyard

la cour de
récréation
playground

105

courir
to run

la couronne
crown

court/courte
short

le couteau
knife

la couverture
blanket

le cowboy
cowboy

la craie
chalk

le crapaud
toad

le crayon
pencil

le crayon de couleur
crayon

la crécelle
rattle

le cresson
cress

la crevette
shrimp

crier
to shout

le crocus
crocus

le cube
building block

le cube
cube

la cuillère
spoon

la cuisine
kitchen

la cuisinière
cooker

la cuisinière
stove

la cuisse
thigh

la culotte
knickers

la culture
crop

Dd

se dandiner
to waddle

le dauphin
dolphin

le dé
dice

la défense
tusk

déguerpir
to scuttle

le dentifrice
toothpaste

les dents (f)
teeth

le déplantoir
trowel

D

le dessin
drawing

le dessus de cheminée
mantlepiece

le diablotin
cracker

la dinde
turkey

le diplomate
trifle

le distributeur de billets
cashpoint

le doigt
finger

le dos
back

le double toit
flysheet

la douche
shower

les douves (f)
moat

doux/douce
soft

le dragon
dragon

le drap
sheet

le drapeau
flag

le dumper
dumper truck

dur
hard

Ee

l'échafaudage (m)
scaffolding

l'échalier (m)
stile

l'écharpe (f)
scarf

l'échelle (f)
ladder

l'école (f)
school

l'écureuil (m)
squirrel

l'écurie (f)
stable

l'égouttoir (m)
draining board

l'éléphant (m)
elephant

en bas
down

l'enfant (m/f)
child

en haut
up

l'entrée (f)
entrance

l'épaule (f)
shoulder

l'épave (f)
wreck

l'épeé (f)
sword

l'épice (f)
spice

l'épicerie (f) de village
village store

l'éponge (f)
sponge

l'épouvantail (m)
scarecrow

l'escargot (m)
snail

l'étable (f)
cowshed

l'été (m)
summer

éternuer
to sneeze

éternuer sneeze

l'étoile (f)
star

l'étoile (f) de mer
starfish

étroit
narrow

l'évier (m)
sink

Ff

le facteur
postman/ postwoman

faire coin-coin
to quack

faire coin-coin quack

la falaise
cliff

la famille
family

le fantôme
ghost

le farfadet
elf

le fauteuil
armchair

le fauteuil à bascule
rocking chair

le fauteuil roulant
wheelchair

la fée
fairy

la fenêtre
window

fermé/fermée
closed

closed

la ferme
farm

la ferme miniature
toy farm

la fermeture éclair
zip

le fermier
farmer

le ferry
ferry boat

le flamant rose
flamingo

la flamme
flame

le four
oven

la fourchette
fork

la fête
party

la flèche
arrow

la fourmi
ant

le feu
fire

la fleur en papier
paper flower

la fourrure
fur

le feu de camp
camp fire

les fleurs (f)
blossom

fredonner
to hum

le feu de jardin
bonfire

le flocon de neige
snowflake

le friand
sausage roll

le foin
hay

le frigo
fridge

la feuille
leaf

la fontaine
fountain

les frites (f)
chips

les feux (m)
traffic lights

la forme
shape

le fromage
cheese

le filet
net

le fort
fort

les fruits (m)
fruit

la fille
girl

le fossé
ditch

la fumée
smoke

le fossile
fossil

la fusée
rocket

Gg

le galet
pebble

galoper
to gallop

le gant
glove

le gant de toilette
flannel

le garage
garage

le garçon
boy

le garde-feu
fireguard

le gardien de
parc
park keeper

la gare
station

le gâteau
cake

le géant
giant

la gelée
jelly

le genou
knee

les gens (m)
people

la gerbille
gerbil

le gilet
cardigan

le gilet de
sauvetage
lifejacket

la girafe
giraffe

la glace
ice

la glace
ice-cream

le gland
acorn

glouglouter
to gobble

glousser
to cluck

le gnome
gnome

le gobelet
beaker

le gobelet en
papier
paper cup

la gomme
rubber

le goudron
tarmac

la gourde
water bottle

le graffiti
graffiti

grand/grande
big

110

grand/grande
tall

le grand
immeuble
tower block

la grande cape
cloak

la grande
roue
big wheel

la grange
barn

la grenouille
frog

la griffe
claw

la grille
railing

le grille-pain
toaster

grimper
to climb

gris/grise
grey

grogner
to grunt

grogner
grunt

gros/grosse
fat

la grotte
cave

la grue
crane

le guépard
cheetah

la guêpe
wasp

le guidon
handlebars

la guirlande
électrique
fairy lights

la guitare
guitar

Hh

la haie
hedge

le hamburger
hamburger

l'hameçon (m)
hook

le hamster
hamster

la hanche
hip

le haut-parleur
loudspeaker

l'hélicoptère (m)
helicopter

hennir
to neigh

hennir
neigh

l'herbe (f)
grass

le hérisson
hedgehog

heureux/
heureuse
happy

le hibou
owl

l'hippocampe (m)
seahorse

l'hippopotame (m)
hippopotamus

l'histoire (f)
story

l'hiver (m)
winter

le homard
lobster

l'hôpital (m)
hospital

le hot-dog
hot dog

l'hôtel (m)
hotel

l'hotel (m) de ville
town hall

l'huile (f)
oil

l'huître (f)
oyster

Ii

l'île (f)
island

l'infirmier (m)/
l'infirmière (f)
nurse

l'instituteur (m)/
l'institutrice (f)
teacher

l'interrupteur (m)
light switch

Jj

la jambe
leg

le jardin
garden

le jardin de rocaille
rock garden

le jardin sauvage
wild garden

la jardinière
window box

jaune
yellow

la jetée
pier

le jeton
counter

le jeu de société
board game

la jonquille
daffodil

la joue
cheek

jouer
to play

le journal
newspaper

les jumelles (f)
binoculars

la jupe
skirt

le jus
juice

le justaucorps
leotard

Kk

le kangourou
kangaroo

le kart
go-kart

le ketchup
ketchup

le kiosque à glaces
ice-cream stall

Ll

le labyrinthe
maze

le lac
lake

le lacet
lace

la laisse
lead

le lait solaire
suntan lotion

le lama
llama

la lampe
lamp

la lampe de poche
torch

le landau
pram

la langue
tongue

le lapin
rabbit

large
wide

le lasso
lasso

le lavabo
washbasin

le laveur de vitres
window cleaner

le lecteur (m)/ la lectrice (f)
reader

le Légo
Lego

le légume
vegetable

le léopard
leopard

la lessive
soap powder

la lessive
washing

la lèvre
lip

le lézard
lizard

la libellule
dragonfly

113

L

la licorne
unicorn

la ligne de pêche
fishing line

la limace
slug

le lion
lion

la lionne
lioness

le lit de camp
camp bed

la litière
bedding

les lits (m)
superposés
bunk beds

long/longue
long

la loutre
otter

la luge
sledge

la lumière
light

la lumière du
soleil
sunshine

la lune
moon

les lunettes (f)
de plongée
goggles

les lunettes (f)
de soleil
sunglasses

le lutin
goblin

Mm

la machine à
laver
washing machine

la mâchoire
jaw

le maçon
builder

le magasin
shop

le magasin de
jouets
toy shop

le magasin du
camping
camp shop

le magazine
magazine

le magazine de
bandes dessinées
comic

le magicien
magician

le
magnétophone
tape recorder

le magnétoscope
video

maigre
thin

le maillet
mallet

la main
hand

la maison
house

la maison de
hamster
hamster house

la maison de poupée
doll's house

la maison hantée
haunted house

le malade
patient

la manche
sleeve

le manche à balai
broomstick

la manchette
cuff

le manchon flottant
armband

le manège
merry-go-round

le manège
roundabout

la mangeoire
bird table

le manteau
coat

la maquette de carton
cardboard model

le maquillage
make-up

la marche
step

marcher
to walk

la mare aux canards
duckpond

la margarine
margarine

la marionnette
puppet

la marionnette à gaine
glove puppet

marron
brown

le marteau-pneumatique
pneumatic drill

le masque de plongée
face mask

le mât
mast

le mât de tente
tent pole

le matelas pneumatique
airbed

la mauvaise herbe
weed

le médicament
medicine

la méduse
jellyfish

le menton
chin

la mer
sea

meugler
to moo

miauler
to mew

le miel
honey

M

la miette
crumb

le mille-pattes
centipede

le miroir
mirror

le mollet
calf

le monde
world

le monorail
monorail

le monstre
monster

les montagnes
(f) russes
roller coaster

la montgolfière
hot-air balloon

la montre
watch

le morse
walrus

la moto
motorbike

la mouche
fly

le mouchoir
handkerchief

le mouchoir en
papier
tissue

la mouette
seagull

la moufle
mitten

la moustache
moustache

le moustique
mosquito

le mouton
sheep

le mouvement
movement

le mur
wall

Nn

la nageoire
fin

nager
to swim

la nappe
tablecloth

la narine
nostril

la neige
snow

le nénuphar
waterlily

le nez
nose

le nichoir
nesting box

le nid
nest

le nœud
bow

noir/noire
black

la noix de coco
coconut

le nombril
navel

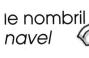
la nourriture
food

la nourriture pour chien
dog food

nouveau/
nouvelle
new

les numéros (m)
numbers

Oo

l'œil (m)
eye

l'œuf (m)
egg

les œufs (m) de grenouille
frog spawn

l'ogre (m)
ogre

l'oie (f)
goose

l'oignon (m)
onion

l'oiseau (m)
bird

l'oiseau (m)
aquatique
water bird

les oiseaux (m) de jardin
garden birds

l`oison (m)
gosling

onduler
to slither

l'ongle (m)
fingernail

l'orange (f)
orange

orange
orange

l'ordinateur (m)
computer

l'oreille (f)
ear

l'oreiller (m)
pillow

l'orteil (m)
toe

l'os (m)
bone

l'ouate (f)
cotton wool

l'ourlet (m)
hem

ouvert/ouverte
open

l'ouvrier-maçon (m)
bricklayer

P

le paillasson
mat

la paille
straw

le pain
bread

la palme
flipper

la palourde
clam

le panache
plume

la pancarte
notice

le panier
basket

le panier à linge
laundry basket

le panier
de pique-nique
picnic basket

le panier-repas
lunch box

le panneau
sign

le panneau
d'affichage
pinboard

le pansement
bandage

la pantoufle
slipper

le papier
paper

le papier
d'emballage
wrapping paper

le papier
hygiénique
toilet paper

le papillon
butterfly

le papillon de nuit
moth

la pâquerette
daisy

le paquet
packet

le parachute
parachute

la parade
parade

le parapluie
umbrella

le parc
park

le parc
d'attractions
amusement park

le pare-brise
windscreen

le parking
car park

le passage à
piétons
crossing

la pataugeoire
paddling pool

patauger
to wade

la pâte à
modeler
Plasticine

118

la patère
peg

le patin à roulettes
roller skate

la patte
paw

la paume
palm

la paupière
eyelid

le pêcheur
angler

la pédale
pedal

la peinture
paint

la peinture
painting

le pélican
pelican

la pelle
spade

---

la pelleteuse
digger

la pelouse
lawn

la pendule
clock

la péniche
canal boat

la pente
slope

pépier
to chirp

le perce-oreille
earwig

le perroquet
parrot

la perruche
budgerigar

le pèse-personne
scales

petit/petite
little

petit/petite
short

---

le petit
cub

le petit bateau
toy boat

le petit pois
pea

la petite bête
minibeast

la petite maison
cottage

la petite route
lane

le phare
lighthouse

le phoque
seal

la photographie
photograph

le pichet
jug

le pied
foot

la pieuvre
octopus

le pigeon
pigeon

le pinceau
paintbrush

le pique-nique
picnic

les piquets (m)
stumps

le piquet de tente
tent peg

le pirate
pirate

le pissenlit
dandelion

la piste de
toboggan
toboggan run

le placard
cupboard

la plage
beach

la planche à voile
windsurfer

la planche de surf
surfboard

planer
to glide

le planeur
glider

la plante
plant

la plante
sole

la plaque
d'immatriculation
numberplate

H123 ABC

la plate-bande
flower bed

pleurer
cry

pleurer
to cry

plonger
to dive

le plongeur
diver

le pneu
tyre

la poche
pocket

la poêle
frying pan

la poignée de
porte
door knob

le poignet
wrist

la poire
pear

le poisson
fish

le poisson-épée
swordfish

la poitrine
chest

le poivre
pepper

la pomme
apple

la pomme de terre
potato

la pompe à essence
petrol pump

le poney
pony

le pont
bridge

le pop-corn
popcorn

le porcelet
piglet

la porcherie
pigsty

la porte
door

la porte de derrière
back door

le porte-monnaie
purse

le porte-savon
soap dish

le porte-serviettes
towel rail

le porteur
porter

le poste d'essence
petrol station

le pot
jar

le pot
pot

le pot à fleurs
flowerpot

le pot de fleurs
flowerpot

le poteau indicateur
signpost

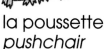

le poteau télégraphique
telegraph pole

la poubelle
litter bin

le pouce
thumb

le poulailler
hen house

le poulain
foal

la poule
hen

le poulet
chicken

la poupée
doll

pousser des cris aigus
to squeal

la poussette
pushchair

le poussin
chick

le pré
meadow

121

P

la primevère
primrose

le prince
prince

la princesse
princess

le printemps
spring

le prix
price

le protège-oreilles
ear muffs

les provisions (f)
groceries

la prune
plum

la puce
flea

le pull
jumper

la punaise
drawing pin

le puzzle
jigsaw puzzle

---

le pyjama
pyjamas

Qq

le quai
platform

la queue
queue

la queue
tail

Rr

le radeau
raft

le radiateur
radiator

la radio
radio

la radiographie
x-ray

la raie
ray

le raisin
grape

---

la rame
oar

le rat
rat

le râteau
rake

le râtelier à
bicyclettes
cycle rack

la rayure
stripe

le rebord de
fenêtre
windowsill

le rectangle
rectangle

le reçu
receipt

la règle
ruler

la reine
queen

122

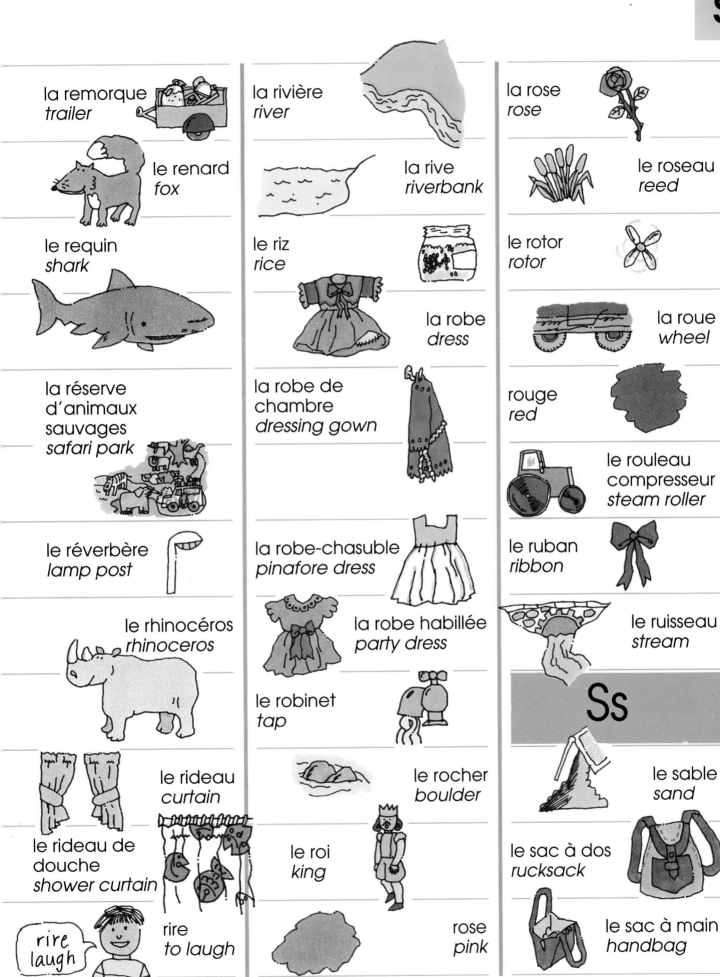

la remorque
trailer

le renard
fox

le requin
shark

la réserve
d'animaux
sauvages
safari park

le réverbère
lamp post

le rhinocéros
rhinoceros

le rideau
curtain

le rideau de
douche
shower curtain

rire
laugh

rire
to laugh

la rivière
river

la rive
riverbank

le riz
rice

la robe
dress

la robe de
chambre
dressing gown

la robe-chasuble
pinafore dress

la robe habillée
party dress

le robinet
tap

le rocher
boulder

le roi
king

rose
pink

la rose
rose

le roseau
reed

le rotor
rotor

la roue
wheel

rouge
red

le rouleau
compresseur
steam roller

le ruban
ribbon

le ruisseau
stream

Ss

le sable
sand

le sac à dos
rucksack

le sac à main
handbag

123

le sac à provisions
shopping bag

le sac de couchage
sleeping bag

le sac en papier
paper bag

le sac en plastique
plastic bag

la saison
season

la salle de bain
bathroom

la salle de sejour
living room

la salopette
dungarees

la sandale
sandal

sauter
to jump

la sauterelle
grasshopper

sautiller
to hop

le savon
soap

le scaphandre autonome
aqualung

le scarabée
beetle

la sciure
sawdust

le seau
bucket

le sel
salt

la selle
saddle

le semi-remorque
articulated lorry

le semi-remorque
low loader

le serpent
snake

le serpentin
streamer

la serviette de bain
bath towel

la serviette de plage
beach towel

la serviette en papier
paper napkin

le shampooing
shampoo

le siège des cabinets
toilet seat

siffler
to hiss

siffler
to whistle

le sifflet en papier
party squeaker

le singe
ape

le singe
monkey

le sirop
squash

le skateboard
skateboard

le slip
pants

le snack-bar
snack bar

le sommet
top

le son
sound

le sorcier
wizard

la sorcière
witch

la sortie
exit

la souche
tree stump

la soupe
soup

le sourcil
eyebrow

la souris
mouse

les spaghettis (m)
spaghetti

le spectacle de
marionettes
puppet show

le spectacle Far
West
wild west show

les spectateurs
(m)
audience

la sphère
sphere

le stand de tir
rifle range

le stéthoscope
stethoscope

le store
awning

le store
blind

le sucre
sugar

le supermarché
supermarket

le support
stand

le support visuel
flashcard

le sweatshirt
sweatshirt

Tt

le t-shirt
t-shirt

la table
table

la table basse
coffee table

la table de
science naturelle
nature table

la table
de travail
worktop

le tableau
chart

le tableau noir
blackboard

le tabouret
stool

la taille
waist

le talon
heel

le tambour
drum

le tapis
carpet

le tapis de sol
groundsheet

la tasse
cup

le taureau
bull

le taxi
taxi

la télécommande
remote control

le téléphérique
cable car

le téléphone
telephone

la télévision
television

le tennis
trainer

le tentacule
tentacle

la tente
tent

la tenue de
cowboy
cowboy outfit

la tenue
d'infirmière
nurse's outfit

la tenue de
médecin
doctor's outfit

le terrain de
camping
camp site

le terrain de
tennis
tennis court

la terrasse
terrace

le têtard
tadpole

la tête
head

la théière
teapot

le Thermos
flask

le tigre
tiger

le tiroir
drawer

le toboggan
slide

le toboggan
helter-skelter

la toile
d'araignée
spider's web

le toit
roof

la tomate
tomato

la tondeuse
lawnmower

la tortue
tortoise

la tortue marine
turtle

le tourne-disque
record player

le tracteur
tractor

le train
train

le train électrique
train set

le train
fantôme
ghost train

le transat
deckchair

le treillis
métallique
wire netting

le trésor
treasure

le triangle
triangle

le tricot de corps
vest

le tricycle
tricycle

la tringle à rideau
curtain pole

triste
sad

le triton
newt

la trompe
trunk

le tronc
tree trunk

trotter
to trot

le trottoir
pavement

la trousse
pencil case

la trousse de
médecin
doctor's bag

le tuba
snorkel

le tube
tube

le tunnel
tunnel

le tuyau
d'arrosage
hose

Vv

la vache
cow

vagir
to squeak

vagir
squeak

la vague
wave

le vaisseau spatial
spacecraft

le vase
vase

le veau
calf

le vélo
bicycle

Vv

 le ventilateur
fan

la ventouse
sucker

 le ver
worm

le verger
orchard

 vert/verte
green

les vêtements (m)
clothes

les vêtements (m)
de poupée
doll's clothes

la viande hachée
mince

 vieux/vieille
old

le village
village

la ville
town

le vinaigre
vinegar

 violet/violette
purple

le visage
face

la voile
sail

le voilier
sailing boat

 la voiture
car

la voiture à
pédales
pedal car

la voiture de
pompiers
fire engine

 le volant
steering wheel

voltiger
to hover

 le voyage
travelling

Ww

 le wagon
carriage

le wallaby
wallaby

Xx

le xylophone
xylophone

Yy

 le yacht
yacht

le yo-yo
yo-yo

Zz

le zèbre
zebra

128